Bassin d'Arcachon
panoramique

Du même auteur

Histoire de la Gironde (réédition), 2012, Cairn.
Le Bassin d'Arcachon (photographies de Karine Médina), 2012, Glénat.
Au fond des coquillages, rumeurs sur Arcachon (chronique romancée), 2012, Vents salés.
La Rochelle et l'Aunis (avec Thomas Brosset), 2012, Loubatières.
La Garonne (avec Jean-Loup Marfaing et Jean Ramière) 2011, Loubatières.
Le canal latéral à la Garonne (avec Jacques Dubourg et Jean-Loup Marfaing), 2010, Loubatières.
Moments oubliés, 2010, Aubéron.
Au pays des bastides, 2008, Cairn.
La vie quotidienne sur le Bassin d'Arcachon au temps de Napoléon III, 2008, Cairn.
Sur les traces de Félix Arnaudin, 2007, Confluences.
Le canal du Midi, 2006, Renaissance du Livre.
Une enfance girondine, 2006, Loubatières.
Cabanes dans le Sud-Ouest, 2004, Cairn.
Huîtres, aloses, pibales, lamproies, Saveurs d'estuaire, 2004, Cairn.
Hilh de pute macarel, 2004, Loubatières.
Contes de la mer, de la lande et du vent, 2003, Loubatières.

Ce livre a été imprimé par Legoprint (Italie)
ISBN : 978-2-81770-257-5 ~ N° éditeur : 01.04.04.13

Photographies de Laurent Reiz
Textes de Charles Daney

BASSIN D'ARCACHON
PANORAMIQUE

ÉDITIONS SUD OUEST

INTRODUCTION

Le paysage du Bassin n'a rien de cassé, hachuré, disloqué comme sont les paysages de montagnes et de certains quartiers de villes. Ses côtes rectilignes à l'infini, ses alignements de dunes et de cabanes, sortent du cadre qu'impose généralement l'image photographique. L'œil fuit de droite et de gauche, le regard flirte avec l'horizon. *Bassin d'Arcachon panoramique* a pour ambition de rendre à l'œil sa liberté.

De sable et d'eau

Le Bassin n'est autre que l'ancien débouché de l'Eyre sur l'Océan. Cette rivière landaise se terminait en un large estuaire. Les dunes, de leur côté, ont joué un rôle dans la formation de la côte du golfe de Gascogne. Formées du sable repris par les vents sur le glacis de la plateforme continentale, il y a plus de 9000 ans, tandis que remontaient les eaux du dernier interglaciaire, elles ont fini par mettre en place sur la côte un long ondoiement de dunes. Et les courants de houle, en reprenant les sables accumulés et une partie des alluvions de la Gironde, ont changé la donne. Il y a cinq millénaires qu'ils ont commencé à barrer le débouché du fleuve, mais le Bassin d'Arcachon ne s'est jamais fermé malgré les avancées et les reculs de la pointe du Cap-Ferret et l'encombrement des passes. C'est que ces dernières occupent un lieu particulier : juste au-dessus de profondes failles qui intéressent les pétroliers et au débouché de l'ancien estuaire de l'Eyre où les mouvements énormes de marées – plus importants au jusant qu'au flot, à cause des eaux terrestres qui se déversent dans le Bassin – ont joué avec les formes de bancs, sans que jamais se ferme le barrage.

Un marais maritime

L'ancien estuaire est devenu un « marais maritime » de 156 km^2 qui se vide à peu près aux deux tiers à chaque marée. Il ne reste à marée base que 41 km^2 de chenaux dessinant les tentacules d'une pieuvre. Le fort courant des marées qui s'écoule aux passes à raison d'1,20 m/s au flot et 1,70 m/s au jusant de vives-eaux fait oublier l'Eyre. Balancés par les marées, les sédiments qui entrent dans le Bassin se différencient selon les vitesses des courants plus ou moins rapides. Près de l'Océan : les bancs de sable aux grains plus ou moins grossiers (ceux qu'on trouve au lit des chenaux) ; sur les plats à l'est de l'île aux Oiseaux : les vases plus ou moins molles des tatchs où l'on n'avance souvent qu'avec des patins de bois qui laissent à leur surface nue des croix pareilles à celles des pattes d'oiseaux. Le Bassin vaseux est bordé d'une mince falaise qui délimite les prés salés d'argile solide couverte d'une végétation que ne recouvrent que les marées de très fort coefficient (de 90 à 120). Tout cela : bancs, tatchs et prés salés constitue le terrain maritime, propriété d'État depuis Colbert qui l'a définie comme étant la superficie couverte aux plus fortes marées d'équinoxe.

Va-t-on cultiver les mers ?

Le Bassin, cette oasis dans la Lande, avait ses charbonniers, ses forestiers, ses vignerons, ses paysans, ses artisans mais surtout ses marins – bien saisis dans le *Procès-verbal des Pêches maritimes* de Le Masson du Parc en 1727. Et les huîtres qu'on y draguait ont manqué au XIXe siècle. Les réclamations des marins-pêcheurs ont ému jusqu'à Paris, où l'Empereur a chargé Coste, médecin et professeur d'embryogénie au Collège de France, de s'occuper des huîtres comme il l'avait fait des alevins. C'était en 1850. Il découvrit les larves d'huîtres – qu'il baptisa naissains – et, par essais de laboratoires de pleine mer, parvint avec l'aide des marins locaux à jeter les bases d'une véritable culture.

Ce fut l'enthousiasme. « On cultivait la terre, voici qu'on cultive la mer » : Léon Noël y voit les débuts d'une production d'avant-garde, Alexandre Dumas suit en Normandie l'implantation de ces « truffes de la mer » et le Bassin d'Arcachon entre immédiatement dans le cadre des expérimentations (parc de Lahillon, chaulage des tuiles...) sous l'œil amusé de rentiers venus sur cette terre où arrivait depuis 1841 une des premières lignes de chemin de fer de France, et l'œil intéressé de l'administration maritime.

L'administration et les emplacements de travail

L'administration s'intéresse alors aux conditions de travail. Solferino a ses fermes, les mines ont leurs corons, l'ostréiculture a ses cabanes. Les bourgs, tout modestes qu'ils soient, ne sont pas sur la côte qui les inquiète et les barques ne remontent pas au-delà des « esteys », ces diverticules des chenaux. L'administration maritime concède alors, près du village, en bout d'« estey », des parcelles pour bâtir les ateliers nécessaires au travail des parcs, eux-mêmes concédés sur les estrans du Bassin. À charge pour les parqueurs d'y construire leurs cabanes en AOT (autorisation d'occupation temporaire) – sur terrain d'État et selon les normes définies par l'administration : 6 mètres sur 4 et entre elles des « andrones » à largeur de brouettes. C'est ainsi que les cabanes s'alignent tout autour des ports... à l'exception de celles de la côte noroît.

Des marées et des huîtres

Les marées jouent un rôle essentiel dans l'ostréiculture des années 1850 en découvrant plus ou moins d'espace et plus ou moins longtemps selon qu'il s'agissait de malines (vives-eaux de fort coefficient : 90 à 120) ou de mortes-eaux (bas coefficients de 30 à 60).
À l'époque il ne peut s'agir que des gravettes, les huîtres plates, *ostrea edulis*, l'huître indigène, celle qui, justement, disparaît. Les ostréiculteurs (ou parqueurs) prennent des concessions de parcs un peu partout sur les bancs et sur les vasières, près des hameaux et près des côtes alors désertes de la presqu'île. Les huîtres supportent fort bien d'être couvertes et découvertes par les marées mais les hommes ne peuvent les travailler qu'à pied, à marée basse. Or les mortes-eaux ne dégagent que peu d'heures pour le travail tandis qu'aux marées des malines les huîtres peuvent être travaillées jusqu'à quatre heures d'affilée pendant quatre à cinq jours, voire la semaine. C'est pour cette raison – et parce que le retour à la rame ou à la voile était lent et fastidieux – que les ostréiculteurs du sud y ont installé des pontons jusqu'à ce que l'administration leur permette de construire en AOT des cabanes plus grandes que les leurs, avec autorisation de bâtir un mur porteur de cheminée : des bijoux de cabanes qu'ils voudraient bien garder aujourd'hui, mais qu'il leur est interdit de louer, vendre ou transmettre... en principe. Il n'y a pas d'estey sur la côte nord, rien que des anses au creux des dunes où s'abritent bateaux à l'ancre et cabanes agglomérées en « villages » égrenés du Cap-Ferret jusqu'à Piquey, où commencent les prés salés et viennent finir les chenaux.

La concurrence des « creuses »

C'est aussi à cette époque, en 1850, que, pour renforcer la production ostréicole, on est allé chercher au Portugal, dans la mer de Paille, d'autres types d'huîtres : des huîtres creuses ou portugaises, *crassostrea angulata*, amenées au Portugal à la carène des vaisseaux des Indes. Elles ne furent pas tout de suite bien acceptées, par crainte de bâtardises et parce qu'elles n'avaient pas la « noblesse » des gravettes. Bien qu'il fût prouvé qu'aucune bâtardise n'était possible entre espèces aussi différentes, les « portugaises » furent remisées sur les terres vaseuses, les bancs étant réservés aux gravettes jusqu'à leur disparition par maladies en 1920, 1970, 1980…

Les creuses (les « cognes », autant dire les « ploucs ») prirent la place disponible sur les bancs ; les vasières (les crassats) perdirent leurs occupantes. Frappées à leur tour, les portugaises furent remplacées par les « japonaises » – les gigas –, qu'on est allé chercher à… Vancouver.

On a longtemps cru immuables les travaux de la terre, ceux de l'huître aussi. Longtemps jardinage d'artisanat conjugal, l'ostréiculture a totalement changé entre 1960 et 1970. La mise d'huîtres en sacs de plastique sur des armatures de fer qui les élevait au-dessus du sol, maniées par sacs entiers, ramenées aux ports sur des plates rapides, a libéré l'ostréiculteur des contraintes du jardinage et des marées. Et les cabanes de la côte noroît, délaissées par les habitants de La Teste ou Gujan, furent tenues – en cabanes à vivre – par des ostréiculteurs travaillant les parcs entre la côte et le chenal devant chez eux.

La verte ceinture des forêts

Il n'y a pas que l'ostréiculture qui ait changé : il y a la forêt et les dunes. Ces dernières, qui avaient envahi des jardins à La Teste et recouvert l'église à Lège, ont été stabilisées par des plantations (oyats puis pinèdes) dès la fin du XVIIIe siècle et leur mise en place a duré jusqu'au début du XXe dans le Médoc. Cette forêt de consolidation des dunes (celle de Brémontier et Peyjehan) ne doit pas être confondue avec celle du plat pays – la forêt de drainage de Chambrelent –, venue presque un siècle plus tard (1857). Si on lui rajoute la forêt ancienne, la « Petite Montagne d'Arcachon » – dont la forêt usagère –, ces trois forêts forment la toile de fond des paysages du Bassin, avec cette différence que la forêt dunaire n'a pas tenu sur le Sablouney surmonté par d'autres sables, ceux des bancs, que

les vents ont accumulés jusqu'à former le Pilat, une dune nue, haute de plus de 100 mètres, pour le bonheur des visiteurs.
Séduits par la douceur du paysage, ses nuances et sa lumière, les touristes sont venus, surtout à partir de 1860, respirer l'air (balsamique) des pins et (maritime) des flots. Pour la santé. Pour les loisirs. Ils ont distingué les particularités de ce paysage lagunaire : la dune, les pins, les cabanes « chanquées », l'île aux Oiseaux. Ils ont voulu tout voir, goûter à tout, se nicher dans le patrimoine, se blottir au fond des cabanes de travail : un « village » pied dans l'eau, ça fait envie.

La ville d'Arcachon, bourgeon étranger né en 1857, s'est incrustée dans le paysage. Elle n'est plus seule « étrangère » dans un ensemble qui dépasse les cent mille habitants, deux fois et demi plus qu'en 1950, cinq fois plus qu'en 1876.

Ni la ligne des nuages bas sur l'horizon ni l'estompage des paysages par la brume, ni les scintillements du soleil sur l'eau, ni la cime des pins, ni la ligne des dunes ne gênent l'étendue du regard sur ce que nous avons tendance à confondre avec l'infini.

LA DUNE DU PILAT

Haute de plus de 100 mètres, la dune, « pilat » de sable fin, se prolonge ainsi nue sur 2700 mètres face à l'Océan. Elle fut boisée, mais le sable et les vents furent plus forts que les pins. Plusieurs dunes se sont succédé en ces lieux, empilées l'une sur l'autre, séparées par les sols fossiles ou paléosols témoins d'une ancienne occupation par les hommes. Quant aux grains de sable d'aujourd'hui, emportés toujours plus haut par les vents d'ouest, ils grimpent la plus douce des pentes, tournent au sommet de la dune puis retombent sur la forêt « sous le vent » qu'ils envahissent.

L'EMBARCADÈRE DE GRAND-PIQUEY

Il y a dans tout embarcadère comme un rappel de coursive. Quand un touriste s'accoude aux rambardes au-dessus de la mer, il semble toujours habité par le souffle d'un grand départ. D'autant plus qu'il se pourrait qu'un bateau vienne tout au bout de la jetée, sous les lampadaires, parfaire son rêve de voyageur salué par les pignots qui jalonnent le chenal, derniers témoins des illusions perdues. Le Bassin est calme. Ciel, terre et mer se confondent. La côte, de « l'autre côté de l'eau », a disparu, absorbée par la nuit qui l'éloigne. Du coup, le Bassin est devenu immense.

LE KIOSQUE DE LA PLACE FLEMING

Le kiosque à musique de la place Fleming, au cœur de la Ville d'Hiver, n'a pas toujours occupé cette place. Il se trouvait près du Grand Hôtel. Léon Lesca en a fait cadeau à la ville en 1893. La tempête l'a privé de sa pointe que l'on a restaurée, façon de montrer que le temps ou les tempêtes comptent peu pour qui vit ici. Les vieux Arcachonnais parlent toujours de la place des Palmiers, même si le nombre de ces arbres s'est réduit au cours des ans. Le kiosque demeure en son centre, à moitié endormi sur son socle de pierre. Quelque orchestre d'occasion vient l'y réveiller de temps en temps.

PIRAILLAN

Dans cette anse profonde au creux d'une dune aujourd'hui boisée, Piraillan est l'un de ces « villages » de pêcheurs qui se multiplient tout au long de la côte noroît. Quand le soleil levant éclaire les maisons, c'est que le Bassin s'éveille. Du parc clôturé de pignots, qui signalent l'emplacement des parcs plus qu'ils n'en interdisent l'entrée, on remarque les tuiles empilées dans leurs collecteurs en bordure du chenal. Elles sont en première ligne pour piéger le naissain qui vient avec la marée au-devant des lits de fer où les pochons d'huîtres attendent d'être découverts à leur tour.

LE VILLAGE DU CANON

Avec ses cabanes serrées comme poussins au nid, le Canon est à l'image de tous les villages de la côte nord du Bassin. Ils sont nés à l'époque de la rame et de la voile qui rendaient impossibles les retours quotidiens. L'administration a concédé des parcelles de terrain maritime aux ostréiculteurs de la côte sud qui désiraient y trouver un abri le temps de travailler leurs parcs lors des longues marées basses de malines... Les temps ont changé. Une population sédentaire d'ostréiculteurs y est installée à demeure. Des touristes lorgnent sur ces ateliers de la mer. Quelques-uns ont réussi à s'y loger.

LES RÉSERVOIRS DE PIRAILLAN

La réserve de Piraillan n'est autre que le domaine d'anciens réservoirs à poissons creusés dans l'argile dure des prés salés et desservis par des écluses. Devenue réserve naturelle, elle abrite des oiseaux : aigrettes, cygnes, colverts et hérons, du gibier : chevreuils et sangliers et quelques genettes – qui furent longtemps les animaux familiers des habitants. C'est la petite sœur des réserves de prés salés d'Arès et de Lège. Les arbres, foisonnant depuis qu'elle n'est plus utilisée par la pisciculture, lui donnent cet aspect sauvage, insolite, qui convient si bien aux réserves naturelles.

COMME UN JARDIN DE PROXIMITÉ

Les ostréiculteurs de la côte noroît pratiquent leur métier entre le chenal et la plage, juste devant chez eux, comme dans un jardin à portée de main. Les pignots délimitent l'emplacement des parcs, ce qui est indispensable à marée haute si l'on veut éviter de s'échouer au milieu des huîtres. Une « cale » de bois facilite le roulement des brouettes sur la plage. Les plates mouillées dans le chenal servent pour d'autres parcs, en d'autres lieux. Les allèges sont ancrées à même la plage ou simplement montées au niveau du varech déposé par les plus forts coefficients de marées.

AC C59868

451897

LE PORT DE LA TESTE

Les cabanes du port sont les ateliers de parqueurs. Elles ne sont pas habitables comme celles des « villages » de la presqu'île qui servirent d'habitations temporaires. Elles sont concédées en AOT (autorisation d'occupation temporaire) sur terrain d'État (le terrain maritime) à titre strictement personnel. C'est là que les ostréiculteurs entreposent leur matériel, trient leurs huîtres, préparent et « pèlent » leurs tuiles à l'époque du naissain. Elles s'alignent tout autour de la darse où sont amarrées les embarcations. Le port, c'est, à l'écart de la ville, le cœur vivant de l'ostréiculture.

ANDERNOS

Tout au fond du Bassin, à marée basse, la plage d'Andernos se prolonge par l'infinie découverte du tatch. Le chenal a même de la peine à se traîner jusqu'au port. La mer est loin, très loin de la ville mais quand monte le flot, le tatch tout entier se transforme en plan d'eau. La marée vient à son heure mais prend son temps. Ne pouvant faire qu'elle vienne plus vite, la municipalité d'Andernos est allée à son devant en construisant la plus longue jetée du Bassin, pour le plus grand bonheur des plaisanciers qui peuvent y débarquer leurs passagers avant de se laisser porter par le flot jusqu'au port...

ATLAS
AC 452692

LE MIMBEAU VU DE LA PRESQU'ÎLE

La houle, en heurtant de biais le littoral rectiligne du golfe de Gascogne, est à l'origine du courant qui entraîne vers le sud les alluvions de la Gironde. En bout de la pointe du Ferret, une partie de ces alluvions entre dans le Bassin pour former le crochet sablonneux du Mimbeau. Lié à l'évolution du Cap, ce cordon subit les coups de butoir des tempêtes. L'implantation récente de pins indique qu'aujourd'hui il se stabilise. La Lugue, conche protégée des vents d'ouest par les dunes de la presqu'île et que le Mimbeau sépare du chenal, est le port naturel des plaisanciers et des parqueurs.

LA PLAGE PEREIRE

Les pins forment partout la toile de fond des paysages marins du Bassin. Quand ils s'avancent tout près de l'eau, ils entrent en scène ; ils s'invitent à la plage. L'aménagement du parc Pereire en bandes parallèles – plage, promenade, pelouse, piste cyclable – a permis d'en garder quelques-uns comme un rideau tiré sur le Bassin : un rideau transparent qui ne cache rien de la plage, ni de l'eau, ni des villages qui sont « de l'autre côté ». Un banc invite à s'arrêter pour contempler les nombreux spectacles aériens, marins ou plagistes du Bassin, ou simplement attendre l'heure du soleil couchant.

PIRAILLAN

Tandis que de gros nuages s'accumulent derrière la dune, que la brise ride le flot qui monte, que l'aube met sa touche matinale, un voilier solitaire remonte le long des parcs qui commencent à « découvrir » : image classique d'un Bassin qui s'éveille comme à regret, comme une respiration ralentie, à l'heure où montent les odeurs. La lumière qui glisse et descend des nuages à la côte se reflète dans l'eau qui clapote. Peu de bruit. Pas d'oiseaux. Peu de vie. Tout est calme. Le Bassin va bientôt se réveiller tout à fait. Les nuages qui grossissent à l'horizon ne vont pas tarder à venir le troubler.

TAUSSAT

Quand la mer est calme, quand le ciel est à l'unisson, mer et ciel se confondent à l'horizon. On se perd dans l'immensité. L'eau est venue à son heure qui est celle de la pleine mer sur l'infinie découverte des tatchs. La marée en a recouvert les impuretés sous l'immense drap bleu et tranquille de l'eau. Les pignots ne sont là que pour authentifier le Bassin. Comme une signature sur un tableau. Nous savons tous que cette image est provisoire. Elle disparaît avec le jusant et le brouillage du ciel. C'est le paysage d'un instant. Formes, espace et couleurs changent vite sur le Bassin.

LES CABANES TCHANQUÉES (OU CHANQUÉES)

Héritières d'une cabane de garde ostréicole qui fut emportée par la tempête dans les années 1940, les cabanes chanquées ont été construites après la guerre sur le glacis qui entoure l'île aux Oiseaux. La haute mer les isole de tous côtés. Elles ne surveillent plus rien mais sont surveillées de toute part. La ville de La Teste en a racheté une et l'a restaurée. Les pilotis qui les mettent à l'abri des marées font penser à des « chanques », ces échasses qu'empruntaient autrefois les bergers dans la lande. Ces singularités ont fini par les imposer comme logos incontournables du Bassin.

LA POINTE AUX CHEVAUX

Il y a longtemps que les chevaux ne vont plus pâturer sur l'île aux Oiseaux que l'on devine à droite, précédée des deux cabanes chanquées. Ils y partaient à la nage, reliés à des barques. Ce hameau n'est plus qu'un « village » ostréicole comme les autres. Chaque exploitant a son ponton, son ancrage, ses parcs de proximité. Les groupements de « pignots » – qui constituent le mobilier signalétique essentiel du Bassin – ne sont plus lisibles que par les seuls familiers. Les embarcations s'abritent au fond de l'anse tandis que les parcs à huîtres sont en avant, au plus près du flot nourricier.

LE PORT DE BIGANOS

Les cabanes du port de Biganos sont de véritables cabanes ostréicoles aux dimensions réglementaires de six mètres sur quatre, concédées sur terrain maritime et séparées par des andrones permettant tout juste le passage des brouettes. Elles tournent le dos au Bassin, au chenal, à la marée, à tout ce qui fait un port. Les embarcations ne sont pas loin : juste derrière les cabanes. Celles-ci sont si belles avec leur couleur vive, si pimpantes que la municipalité de Biganos les a dotées d'une aire de jeux et de tables pour pique-niquer. Pour donner aux touristes tout le temps de les admirer.

LE PHARE DU CAP-FERRET

Le phare, que dore la lumière du soir, tout au bout de l'allée de pins, à la pointe de la presqu'île, est l'héritier de celui qui fut construit en 1840 – l'un des rares feux de la côte de Gascogne. Il émet toutes les 5 secondes depuis 1928 un éclat rouge, visible à 50 kilomètres en mer. Clin d'œil au bateau qui passe au large, il signale l'entrée des passes. Dynamité par les Allemands en 1944, reconstruit en 1947, automatique depuis 1995, inscrit au titre de monument historique en 2009, c'est aujourd'hui, après la dune, le site le plus visité du Bassin.

QUAND LE BASSIN S'ÉVEILLE

Le soleil rougit les cabanes. Le terre-plein, solidement maintenu par une rangée de piquets, est encombré de matériel ostréicole : au premier plan, le canot, en arrière, les coupelles de plastique enfilées sur un piquet, prêtes pour la collecte du naissain, à plat les pochons d'élevage. Bien qu'elle ait une activité de restauration, c'est une cabane de travail ostréicole, une cabane privée, pas une concession : ni la villa toute proche, ni l'édicule accolé à la cabane ne sont dans les normes des Autorisations d'occupation temporaire (AOT). Les bateaux en attente frémissent sur l'eau qui s'éclaire. Le Bassin s'éveille.

LE PILAT, QUAND VIENT L'HIVER

Les touristes partis, les vents s'emparent du sommet du Pilat. Ils viennent jouer sur cette aire de jeux que ne troublent plus les visiteurs de l'été. Ils y façonnent de purs modèles réduits de dunes du grand erg saharien. Des dunes en croissant ou barkhanes y courtisent des dunes pointues comme des ghourds, flirtent avec des rides sur des pentes douces, recueillent en douceur des nuages de sable en passe de se poser... C'est tout un monde minéral qui se forme et se transforme sous nos yeux, au-dessus des passes, du banc d'Arguin et de sa réserve de sternes, oiseaux familiers du royaume du vent.

TABLE DES MATIÈRES